COLLECTION DE M. J***

TABLEAUX

ANCIENS ET MODERNES

Dessins et Aquarelles

M̂ Henri LECHAT	M. BONNE
COMMISSAIRE-PRISEUR	EXPERT
Rue Baudin, 6 (Square Montholon)	Rue Victor-Massé, 34

PARIS — 1889

IMPRIMERIE MAULDE et RENOU

A. MAULDE & Cie

IMPRIMEURS DE LA COMPAGNIE DES COMMISSAIRES-PRISEURS.

Rue de Rivoli, 144

COLLECTION DE M. J***

CATALOGUE

DE

TABLEAUX MODERNES

BOUDIN, DECAMPS, DIAZ, DAUBIGNY, CH. JACQUE

FORTUNY, PELOUSE, PALIZZI, ETC.

TABLEAUX ANCIENS

BERNARD, QUENTIN MATHIS, JORDAENS, MURILLO, RUBENS

VAN ORLEY, ETC.

AQUARELLES ET DESSINS

Boucher, Hubert Robert, Coypel, Ch. Jacque, etc.

DONT LA VENTE AURA LIEU

HOTEL DROUOT, SALLE N° 8

Les Lundi 29 et Mardi 30 Avril 1889

A DEUX HEURES ET DEMIE DE RELEVÉE

M⁰ Henri LECHAT	**M. BONNE**
Commissaire-Priseur	*Expert*
Rue Baudin, 6 (Square Montholon)	Rue Victor-Massé, 34

EXPOSITION PUBLIQUE

Le Dimanche 28 Avril 1889, de 1 heure 1/2 à 5 heures

PARIS — 1889

CONDITIONS DE LA VENTE

—

Elle sera faite expressément au comptant.

Les Acquéreurs paieront CINQ POUR CENT en sus des enchères, applicables aux frais de vente.

A. MAULDE et Cⁱᵉ, imprimeurs de la Compagnie des Commissaires-Priseurs.
rue de Rivoli, 144   400—96216

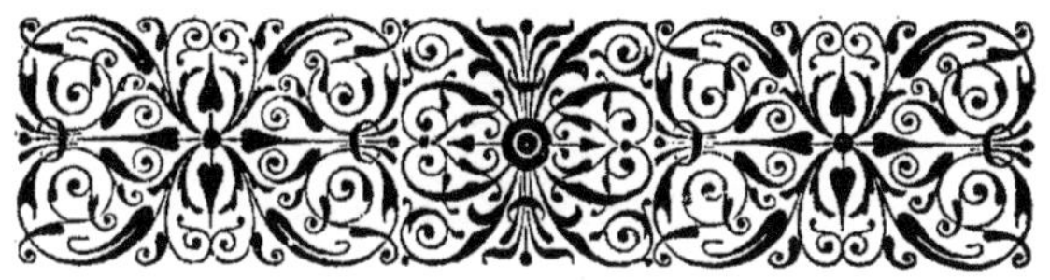

DÉSIGNATION

CASTAN

1 — Marée basse.

DAUNAZ

2 — Étude.

VERNON (Paul)

3 — Paysage.

RICHET (Léon)

4 — Tête de fantaisie.

BONNEMAISON (G.)

5 — Basse-Cour.

DESHAYES (Th.)

6 — Paysage.

MERWART

7 — Heureuse Pensée.

COTTIN

8 — Poules.

VERNON (Paul)

9 — Paysage.

MARTIN KAVEL

10 — Dans Paris.

HAREUX (E.)

11 — A la Campagne.

GOUVION-SAINT-CYR (H.)

12 — En Canot.

MARTIN KAVEL

13 — Sujet de genre.

APPIAN

14 — Paysage.

WINTZ (G)

15 — Moutons.

WINTZ (G.)

16 — Troupeaux de bœufs.

HAREUX (E.)

17 — Paysage.

HAREUX (E.)

18 — Une Vue à Montmartre.

VÉRON (A.-R.)

19 — Les Bords de l'Indre.

VÉRON (A.-R.)

20 — Église de Chatou.

GARIDO

21 — Station de Tramway à Saint-Germain-L'Auxerrois.

PALIZZI

22 — Le Rendez-vous de Chasse.

DUPRÉ (Victor)

23 — Paysage animé.

DUFOUR (Camille)

24 — En Bretagne.

VOGLER

25 — Sérénade.

MARTIN (Karel)

26 — Paysage.

GARIDO

27 — Une Fantaisie.

BOUDIN

28 — Marine.

DIAZ (N.)

29 — Sous Bois.

VAUQUELIN (Réné)

3o — Paysage.

JACQUE (Ch.)

31 — Poules.

LAFENESTRE

32 — Bergerie.

PETIT (Eugène)

33 — Fleurs.

DUPRAY (H.)

34 — Chasseurs.

GONZALES

35 — La Surprise.

BENASSIT (E.)

36 — Chevaliers.

BEAUVERIE

37 — Vieille Route à Anvers.

VERNIER (Émile)

38 — Vue de la Seine.

ROY (Marius)

39 — Pendant la guerre.

GILBERT (Victor)

40 — L'Inspiration.

RAFFAELLI (J.-B.)

41 — Déclaration.

PARROT

42 — Confidence.

LAOS

43 — Bergerie.

LECLERC (V.)

44 — Paysage.

RICHTER

45 — La Visite.

LAOS

46 — Bergerie.

PETITJEAN

47 — Marine.

MAINCENT (Gustave).

48 — Paysage.

MAINCENT (Gustave)

49 — Paysage.

NOTTERMANN

50 — Singes.

DAMERON (E.)

51 — Près de la mer.

DELPY ((H. C.)

52 — Les bords de la marne.

PELOUSE

53 — Saint-Jean-le-Thomas, (Manche).

MARTIN (Kavel)

54 — Nature morte.

DEFAUX

55 — Paysage animée.

BAUDIT

56 — Effet de lune, Paysage.

DELPY (H.-C.)

57 — Paysage.

KNYF (de)

58 — Près de la mer.

DONZELLE

59 — Port-Marly.

GRIVOLAS

60 — Fleurs.

LESSI (Jean)

61 — Aux courses.

WASHINGTON

62 — Arabe.

DAUBIGNY

63 — Paysage.

DUPUIS (Paul)

64 — Après Boire.

MARTIN-KAVEL

65 — Les Maraudeurs.

KNIFF (de)

66 — Vaches au paysage.

GŒNEUTTE

67 — Le Repos.

LEGRAND (Réné)

68 — Une bonne Plaisanterie.

PETITJEAN

69 — Au Village.

BERCHÈRE

70 — Aquarelle : Marine.

BOURGOIS

71 — Aquarelle : Le sommeil.

GASSICS (Georges)

72 — Aquarelle : Coucher du Soleil.

JACQUE (Ch.)

73 — Dessin : Bergerie.

PILLE (Henri)

74 — Dessin : La Visite.

DECAMPS (Attribué à)

75 — Peinture sous verre.

RODELSPAGER

76 — Aquarelle : Fleurs.

BENASSIT

77 — Aquarelle ; Cavalier.

ÉCOLE FRANÇAISE

78 — Portait de femme.

LARGILLÈRE (Attribué à)

79 — Portrait de femme.

GÉLIBERT

80 — Fruits.

VERNOF (Paul)

81 — Les deux Causeuses.

FORTUNY

82 — Paysan Malais.

DAUBIGNY (Attribué à)

83 — Bords de l'Oise.

COROT (Attribué à)

84 — Le Ruisseau.

MURILLO

85 — Éducation de la Vierge.

REMBRANDT

86 — Chevalier.

VAN ORLEY (Bernard)

87 Reine de Hongrie, Sainte Catherine.

MALZIS (Quentin)

88 — Les deux avares.

JORDAENS

89 — Samson et Dalila.

Le tableau de Jordaens provient de la famille Bousez, originaire de la Belgique : il est échu par héritage à Mᵐᵉ Dufresnoy, née Bousez, de Valenciennes, décédée en 1795.

Le chanoine Dufresnoy, son fils, en fait cadeau, en 1820, à Mᵐᵉ Hamoir du Croisié, née Bousez, les enfants de cette dame, M. et Mᵐᵉ Waymel, l'ont donné à M. Edouard Quecq, en 1841.

RUBENS

90 — Diane au repos.

PEETER HUYS (1547)

91 — Tentation de Saint Antoine.

FRANCK

92 — Christ en croix.

BROWER (Adrien)

93 — Le farceur.

VAN DYCK

94 — Judith et Olopherne.

CRANACK (Lucas)

95 — Vierge.

ÉCOLE ESPAGNOLE

96 — Saint-Augustin.

ÉCOLE FLAMANDE

97 — La Halte.

DUPRÉ (Attribué à Jules)

98 — Paysage.

DIEBOTT (J.-M.)

99 — Vaches aux pâturages.

DIEBOTT (J.-M.)

100 — Vaches aux pâturages.

SCHNEIDER

101 — Les Écoliers.

SCHNEIDER

102 — A la Ferme.

DECAMPS (1re idée)

103 — Les Cuisiniers.

DAUBIGNY (Attribué à)

104 — Paysage.

TROYON (Ecole de)

105 — Paysage animaux.

ÉCOLE ANGLAISE

106 — Les Bules de savon.

COROT (Attribué à)

107 — Étude très poussée.

GÉRICAULT (Attribué à)

108 — Cheval à l'écurie.

ROUSSEAU (Attribué à THÉODORE)

109 — Sous Bois.

OUVRIÉ (JUSTIN)

110 — Hegdelberg.

GÉRICAULT (Attribuée à)

111 — Étude.

HOMANN (P. G.)

112 — Intérieur de ferme.

MICHEL

113 — Pointe Sainte-Anne.

GILLOT (Attribué à)

114 — Quatre Portraits.

HUBERT-ROBERT

115 — Aquarelle : Architecture et Personnages.

BOUCHER

116 — Sanguine : La Bohémienne.

COYPEL

117 — Dessin à la sépia.

LUMINAIS (E.)

118 — Étude Italienne.

RIBOT (G.)

119 — Les Cuisiniers.

TROYON (Attribuée à)

120 — Étude de Vache.

RIBOT (Germain)

121 — Nature Morte.

122 — Sous ce numéro : Tableaux, Aquarelles, Dessins, non catalogués.